BEO

Beobachtungsbogen zur Einschätzung der Sprachentwicklung von Vorschulkindern

Diese Beobachtungsbögen sind ebenfalls im FON Fachverlag erhältlich

www.fonverlag.de

INHALT

EINFÜHRUNG

Der BEO-S dient zur Einschätzung sprachlicher Kompetenzen von Vorschulkindern, um eventuellen besonderen Förderbedarf festzustellen.

Er ist sehr einfach in der Handhabung und kann daher auch ohne sprachtherapeutisches Fachwissen durchgeführt werden. Pädagogen, Ärzte, Sprachhelfer etc. bekommen Hinweise darauf, ob und, wenn ja, in welchen sprachlichen Bereichen Schwächen vorliegen und weiterführende logopädische Tests oder auch eine Sprachtherapie notwendig sind.

Auch in der Sprachtherapie kann der BEO-S verwendet werden. Er kann und soll logopädische Tests nicht ersetzen, sondern dem Therapeuten/ Pädagogen vor dem Durchführen spezifischer Tests Hinweise darauf geben, ob und, wenn ja, in welchen Bereichen gezielte sprachliche Testungen sinnvoll oder notwendig sind.

Der BEO-S Beobachtungsbogen zur Einschätzung sprachlicher Kompetenzen wurde 2011 im FON Institut Stuttgart entwickelt und bei über 1000 Kindern erprobt und bis zur jetzt vorliegenden Fassung weiterentwickelt. Insgesamt trugen 21 Logopädinnen zur Optimierung des Untersuchungsbogens bei. Zudem wurde der Untersuchungsbogen bei der Diagnostik von 121 Grundschülern einer Grundschule in Stuttgart-Bad Cannstatt eingesetzt. Hier hatten die Erfahrungen der Lehrerinnen und Sprachhelfer entscheidenden Einfluss auf die Weiterentwicklung der Untersuchungsbereiche.

Im Gegensatz zu anderen Tests sind eine pädagogische Mitwirkung und Unterstützung seitens des Therapeuten möglich und sogar erwünscht. Die Bilder und Geschichten können und sollen als Sprechimpuls dienen, sodass die Spontansprache und die dialogische Arbeit dem Tester weitere Aufschlüsse über die sprachlichen Kompetenzen des Kindes liefern. Zudem dürfen Sie auch bei der Aufgabenstellung weitere Beispiele geben, falls Sie den Eindruck haben, dass das Kind die Aufgabe noch nicht richtig verstanden hat.

Zu Beginn steht ein freies Gespräch, das dem Kontaktaufbau dient, aber auch schon erste Hinweise liefert, die im Protokollbogen festgehalten werden. Erfahrungsgemäß eignen sich hierfür direkte Fragen, die in ein Gespräch übergehen können. Z.B.: „Bist du im Kindergarten?“, „Was machst du denn da so am liebsten?“ etc. Auch die darauf folgenden Übungen können als Sprachanregung genutzt werden.

Der BEO-Sprachbefund dauert selbst bei ausgiebigem Eingehen auf die Gedanken und Fragen des Kindes nicht länger als max. 45 Minuten, ist einfach durchzuführen und leicht auszuwerten. Er kann daher überall eingesetzt werden.

Die Aufgaben sind so gewählt, dass sie von Vorschulkindern in der Regel fehlerfrei ausgeführt werden können. Eine unvollständige Punktzahl ist also eine Abweichung von der Norm. Bei Auffälligkeiten in mehreren Bereichen oder dem Erreichen von weniger als 50% in einem Teilbereich sollte auf jeden Fall eine weiterführende logopädische Diagnostik in die Wege geleitet werden.

EINFÜHRUNG

ALLGEMEINE HINWEISE

Zunächst ist es wichtig, eine angenehme Atmosphäre zu schaffen. Hierzu gehören eine ansprechende Raumgestaltung, ein altersgerechter Stuhl sowie ein positiver verbaler und nonverbaler Kontaktaufbau. Eine Begleitperson kann im Raum anwesend sein, sollte sich jedoch während der Beobachtung zurückhalten und keinesfalls für das Kind antworten. Eventuell ist hier ein Hinweis an die Begleitperson notwendig.

HINWEISE ZU DEN EINZELNEN BEOBACHTUNGSBEREICHEN

1. **Kommunikation**
   Führen Sie mit dem Kind ein lockeres Spontangespräch.

2. **Wortschatz**
   Es wurden bewusst Ober- und Unterbegriffe gewählt. Sollte das Kind einen Unterbegriff nennen, der nicht ganz stimmt, wie z.B. „Wal" statt „Delfin", geben Sie 0,5 Punkte. Kreative Antworten, wie z.B. silber statt grau, geben natürlich die volle Punktzahl. Bei großen Wortschatzproblemen kann statt des expressiven auch der rezeptive Wortschatz getestet werden, z.B.: „Zeige mir den Delfin!"

3. **Sprachverständnis**
   Bei diesen Fragen kommt es nur auf das Sprachverständnis an. Die Antwort wird also auch als richtig bewertet, wenn ein Oberbegriff, z.B. „Nuss" statt „Kastanie" genannt wird.

4. **Mundmotorik/Artikulation**
   Da es bei dieser Übung nur um die Aussprache geht, können Sie bei Wortschatzschwierigkeiten oder bei anderen Bezeichnungen für die abgebildeten Gegenstände die Wörter auch vorsprechen und das Kind dann nachsprechen lassen.

5. **Phonologie**
   Bei dieser Übung liegt der Schwerpunkt nicht auf der Aussprache, sondern der Merkfähigkeit und Lautunterscheidung, daher führt eine Fehlbildung, wie z.B. das Lispeln, nicht zu einem Abzug.

6. **Grammatik**
   - Artikel
     Sollte das Kind den Baum, trotz Beispiel, ohne Artikel nennen, können Sie weitere Hilfestellungen geben, z.B.: „Heißt es der Baum, die Baum oder das Baum?"
   - Plural
     Pluralbildungen, die nicht ganz korrekt sind, aber das Verständnis für die Pluralbildung zeigen, z.B. Baume statt Bäume, werden mit 0,5 Punkten bewertet.
   - Verben
     Verbbeugungen, die nicht ganz korrekt sind, aber das Verständnis für die Verbbeugung zeigen, z.B. „lest" oder „fahrt" werden mit 0,5 Punkten bewertet. Die volle Punktzahl gibt es bei korrekter Verbbeugung, aber anderem Begriff, z.B. „duscht oder schwimmt" statt „badet".
   - Präpositionen
     Hier reicht es, wenn das Kind eine passende Präposition nennt, andere Fehler, z.B. in der Kasusmarkierung, werden nicht bewertet, geben aber dem Tester weitere Hinweise.

7. **Freies Erzählen**
   Sollte das Kind Probleme mit der Anordnung der Bilder haben, dürfen Sie hier unterstützen: „Fang mit diesem Bild an!"

1 KOMMUNIKATION

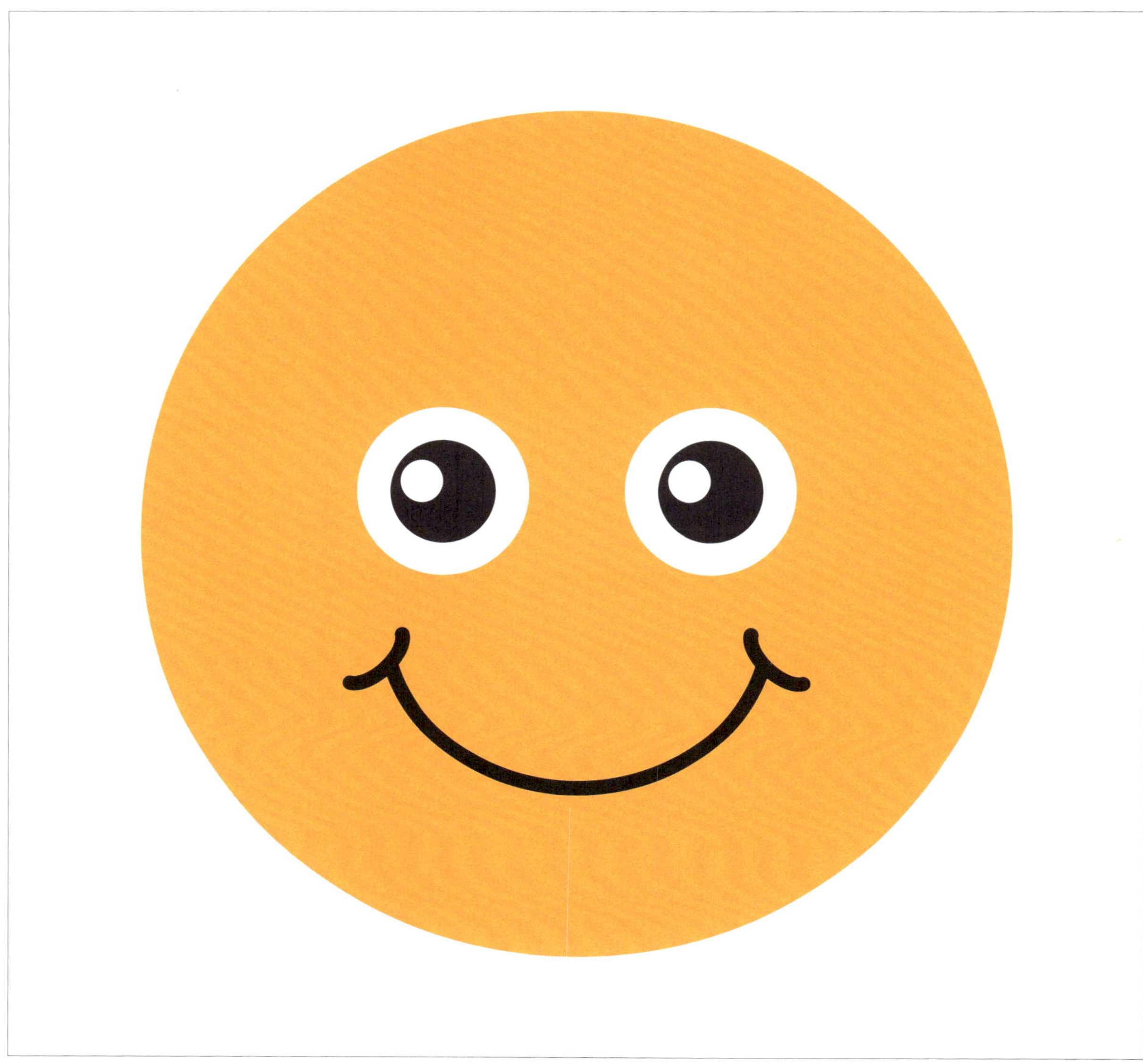

2 WORTSCHATZ

BILDKARTEN

A OBERBEGRIFFE

B UNTERBEGRIFFE

C FARBEN UND FORMEN

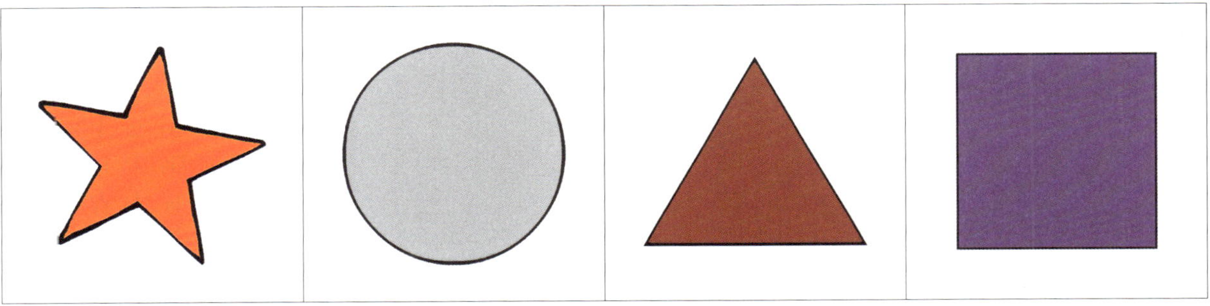

3 SPRACHVERSTÄNDNIS

4 MUNDMOTORIK/ARTIKULATION

4A. MUNDMOTORIK

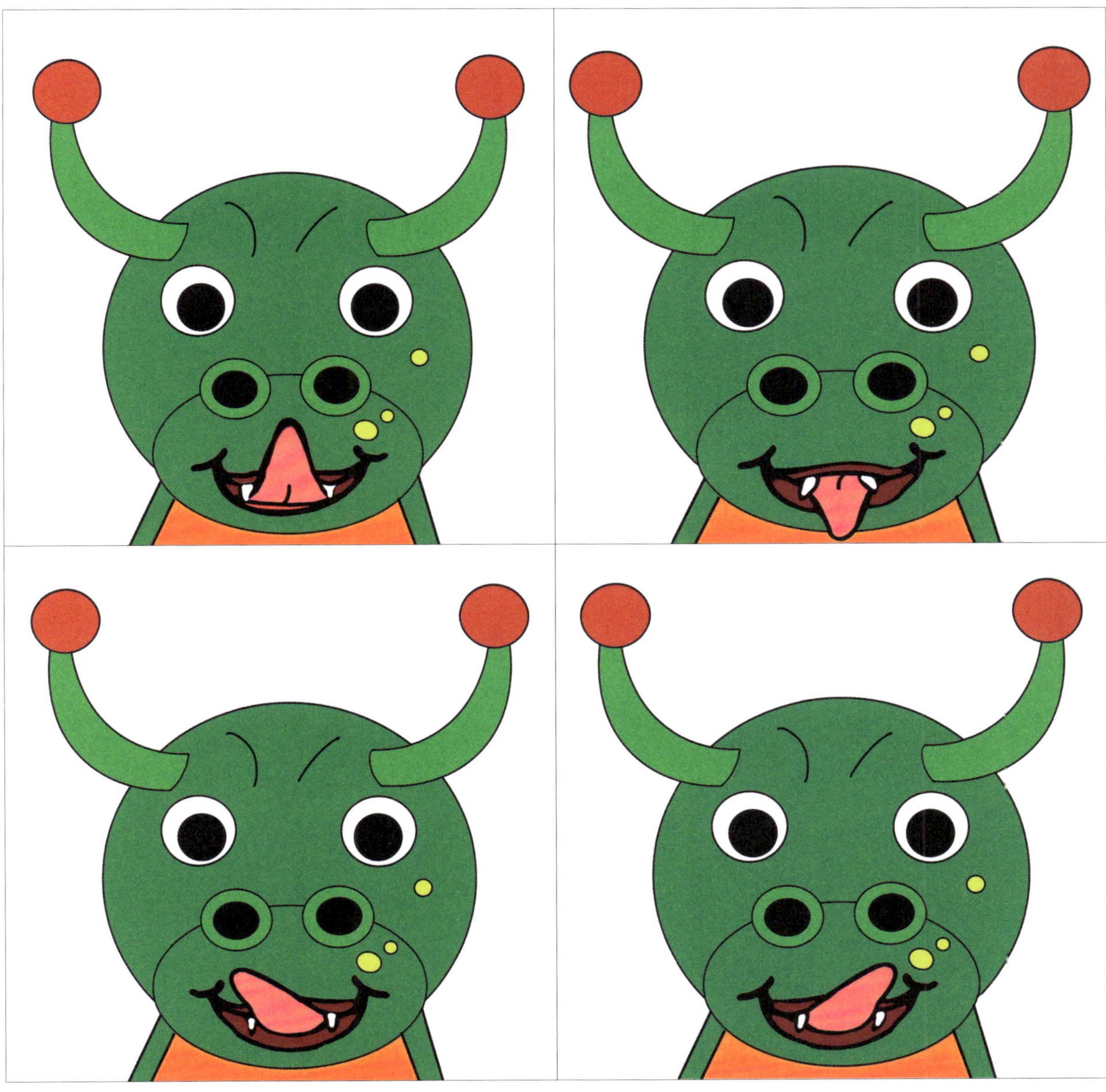

4 MUNDMOTORIK/ARTIKULATION

4B. AUSSPRACHE

5 PHONOLOGIE

NACHSPRECHEN VON NICHTWÖRTERN

6 GRAMMATIK

A ARTIKEL

BEISPIEL

6 GRAMMATIK

B PLURAL

BEISPIEL

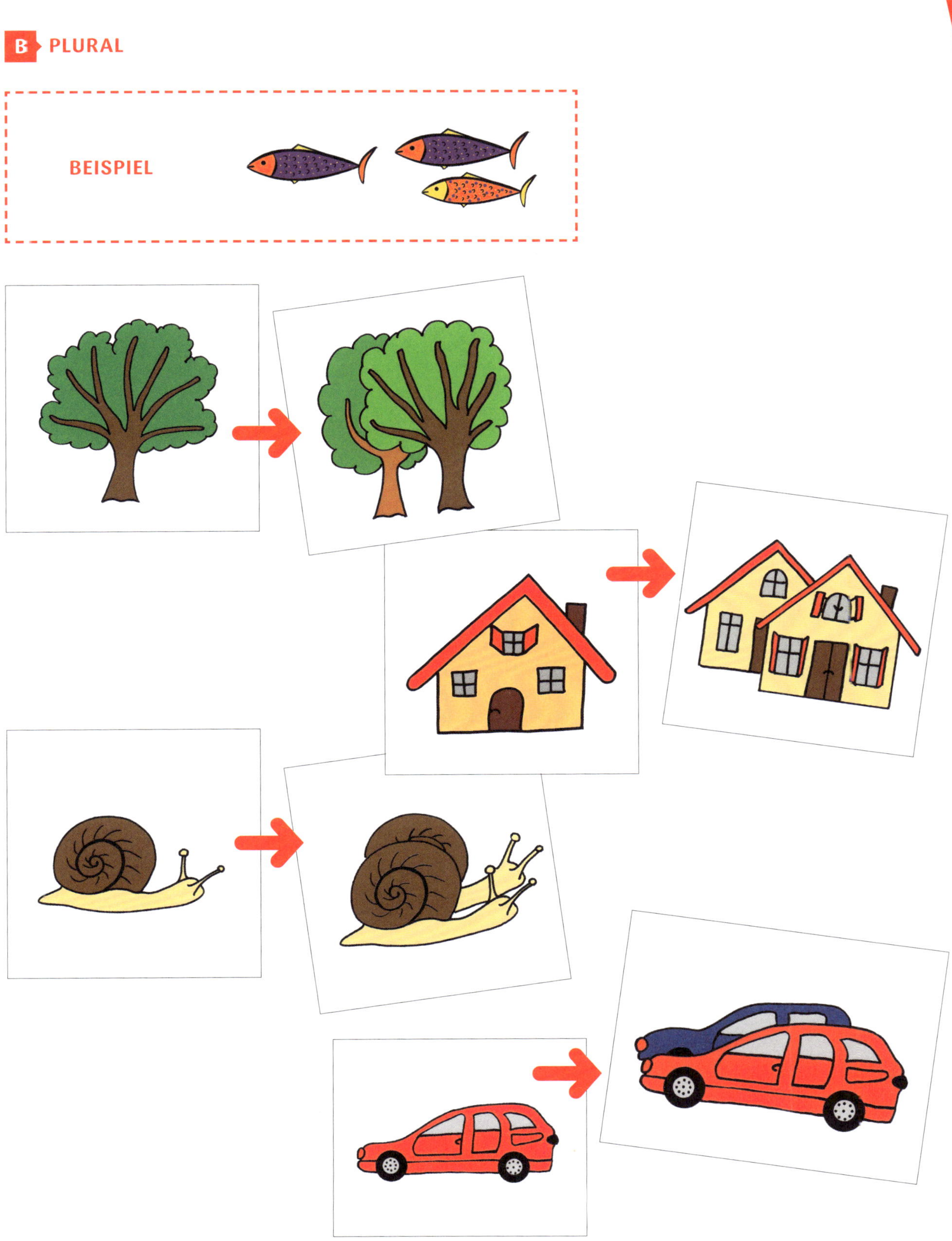

6 GRAMMATIK

B VERBEN

BEISPIEL

6 GRAMMATIK

BILDKARTEN

D PRÄPOSITIONEN

7 FREIES ERZÄHLEN

BILDERGESCHICHTE

1 KOMMUNIKATION

PROTOKOLLBOGEN

Geben Sie jeweils bis zu zwei Punkten für die Beurteilung der Unterpunkte Sprechfreude, nonverbale Kommunikation, Verständlichkeit, Stimme und Redefluss.

Anleitung: Führen Sie ein Spontangespräch mit dem Kind: „Bitte erzähle mir doch einmal, was du in der Kita/Schule am liebsten machst."

Sprechfreude: ☐☐

BEMERKUNGEN: ______

Nonverbale Kommunikation (Gestik/Mimik, Blickkontakt): ☐☐

BEMERKUNGEN: ______

Verständlichkeit (Inhalt): ☐☐

BEMERKUNGEN: ______

Stimme/Verständlichkeit (Deutlichkeit): ☐☐

BEMERKUNGEN: ______

Redefluss: ☐☐

BEMERKUNGEN: ______

Kommunikation Punktzahl: ____ /10

2 WORTSCHATZ

Geben Sie jeweils einen Punkt für eine korrekte Antwort.
Vom Zielwort abweichende Antworten notieren Sie hinter dem Kästchen.

2A. OBERBEGRIFFE

Anleitung: „Bitte erzähle mir, was du auf den Bildern hier siehst“

Blume ☐ Antwort des Kindes: ____________________

Baum ☐ Antwort des Kindes: ____________________

Vogel ☐ Antwort des Kindes: ____________________

Fisch ☐ Antwort des Kindes: ____________________

2B. UNTERBEGRIFFE

Anleitung: „Bitte erzähle mir, was du auf den Bildern hier siehst“

Rose ☐ Antwort des Kindes: ____________________

Palme ☐ Antwort des Kindes: ____________________

Rabe ☐ Antwort des Kindes: ____________________

Delfin ☐ Antwort des Kindes: ____________________

2C. FARBEN UND FORMEN

Anleitung: „Welche Farbe haben die Formen?“

Orange ☐ Antwort des Kindes: ____________________

Grau/Silber ☐ Antwort des Kindes: ____________________

Braun ☐ Antwort des Kindes: ____________________

Lila ☐ Antwort des Kindes: ____________________

Anleitung: „Welche Formen siehst du hier?“

Stern ☐ Antwort des Kindes: ____________________

Kreis ☐ Antwort des Kindes: ____________________

Dreieck ☐ Antwort des Kindes: ____________________

Quadrat/Viereck ☐ Antwort des Kindes: ____________________

Wortschatz Punktzahl: ____ /16

3 SPRACHVERSTÄNDNIS

PROTOKOLLBOGEN

Anleitung: „Ich lese dir nun eine Geschichte vor. Pass gut auf, ich stelle dir gleich ein paar Fragen dazu."

Geben Sie jeweils einen Punkt für eine korrekte Antwort.

Anna darf heute alleine auf dem Markt einkaufen. Ihre Mama möchte einen Kirschkuchen backen. Anna soll dafür frische Kirschen mitbringen. Als Anna am Marktstand ankommt, entdeckt sie zwei kleine Mäuse und einen Vogel. Anna liebt Tiere. Sie läuft den Mäusen hinterher. Das Einkaufen hat Anna ganz vergessen.

3A. WÖRTER

Anleitung: „Nun schauen wir uns den Marktstand erst einmal genauer an. Zeige mir ..."

die Birnen	☐	**die Kirschen**	☐
das Eichhörnchen	☐	**die Mäuse**	☐

3B. SÄTZE

Anleitung: „Ich beschreibe dir nun Dinge, und du zeigst mir diese bitte auf dem Bild."

Es ist gelb und sehr sauer.	**Zitrone**	☐	Antwort des Kindes: ______
Es ist rot und hängt an der Wand.	**Herz**	☐	Antwort des Kindes: ______
Man braucht es, wenn es regnet.	**Schirm**	☐	Antwort des Kindes: ______
Es ist rund und liegt vor der Maus.	**Kastanie**	☐	Antwort des Kindes: ______

3C. W-FRAGEN

Wie viele Flaschen stehen auf dem Boden?	**Vier**	☐	Antwort des Kindes: ______
Welchen Beruf hat der Mann auf dem Bild?	**Koch**	☐	Antwort des Kindes: ______
Welche Farbe hat das Kopftuch der Frau?	**Rot**	☐	Antwort des Kindes: ______
Was steht hinter der Handtasche?	**Sack**	☐	Antwort des Kindes: ______

3D. FRAGEN ZUM TEXT

Weißt du noch, was Anna kaufen sollte? **Kirschen** ☐ Antwort des Kindes: ______

Warum hat Anna das Einkaufen vergessen? **Sie läuft hinter den Mäusen her** ☐

Antwort des Kindes: ______

Sprachverständnis Punktzahl: ____ /14

4 MUNDMOTORIK/ARTIKULATION

Geben Sie jeweils einen Punkt für jede korrekt ausgeführte Übung.

4A. MUNDMOTORIK

Anleitung: „Das Fauch, ein Drache. Er schneidet Grimassen. Versuche es auch einmal. Zunge zur Nase …"

Zunge zur Nase	☐	**Zunge zum Kinn**	☐
Zunge nach links	☐	**Zunge nach rechts**	☐

KÖRPERTONUS: ____________________

SONSTIGES (ZAHNSTATUS/ZUNGENKOORDINATION ETC.): ____________________

4B. AUSSPRACHE

Anleitung: „Bitte sage mir, was du auf diesen Bildern siehst."

Luftballons	☐	Antwort des Kindes: ____________	Lautfehler: ____________
Regenbogen	☐	Antwort des Kindes: ____________	Lautfehler: ____________
Krokodil	☐	Antwort des Kindes: ____________	Lautfehler: ____________
Trompete	☐	Antwort des Kindes: ____________	Lautfehler: ____________
Sessel	☐	Antwort des Kindes: ____________	Lautfehler: ____________
Schlittschuhe	☐	Antwort des Kindes: ____________	Lautfehler: ____________
Eichhörnchen	☐	Antwort des Kindes: ____________	Lautfehler: ____________
Zirkus/Zelt	☐	Antwort des Kindes: ____________	Lautfehler: ____________

Mundmotorik/Artikulation Punktzahl: ____ /12

5 PHONOLOGIE

PROTOKOLLBOGEN

NACHSPRECHEN VON NICHTWÖRTERN

Anleitung: „Die Drachen haben lustige Namen.
Ich spreche sie dir vor. Kannst du sie nachsprechen?“

Dateik ☐ Antwort des Kindes: ______________________

Gewaufi ☐ Antwort des Kindes: ______________________

Richasela ☐ Antwort des Kindes: ______________________

Kloschtruppi ☐ Antwort des Kindes: ______________________

PHONOLOGISCHE PROZESSE: ______________________

Phonologie Punktzahl: ____ /4

6 GRAMMATIK

Geben Sie jeweils einen Punkt für eine korrekte Antwort.

6A. ARTIKEL

Anleitung: „Das ist **die** Katze, **der** Löwe und **das** Schwein. Und was ist das? Das ist ..."

der Baum ☐ Antwort des Kindes: ____________________

die Schnecke ☐ Antwort des Kindes: ____________________

das Haus ☐ Antwort des Kindes: ____________________

das Auto ☐ Antwort des Kindes: ____________________

6B. PLURAL

Anleitung: „Es ist ein Fisch, aber es sind zwei Fische. Es ist ein Baum, aber es sind zwei ..."

Bäume ☐ Antwort des Kindes: ____________________

Schnecken ☐ Antwort des Kindes: ____________________

Häuser ☐ Antwort des Kindes: ____________________

Autos ☐ Antwort des Kindes: ____________________

6C. VERBBEUGUNG

Anleitung: „Das ist Willi. Willi schläft. Sag mir bitte, was Willi hier macht."

Willi malt ☐ Antwort des Kindes: ____________________

Willi badet ☐ Antwort des Kindes: ____________________

Willi liest ☐ Antwort des Kindes: ____________________

Willi fährt Roller ☐ Antwort des Kindes: ____________________

6D. PRÄPOSITIONEN

Anleitung: „Auf diesem Bild ist Willi im Bett. Wo ist Willi jetzt?"

Willi ist vor dem Bett. ☐ Antwort des Kindes: ____________________

Willi ist hinter dem Bett. ☐ Antwort des Kindes: ____________________

Willi ist neben dem Bett. ☐ Antwort des Kindes: ____________________

Willi ist unter dem Bett. ☐ Antwort des Kindes: ____________________

Grammatik Punktzahl: ____ /16

7 FREIES ERZÄHLEN

PROTOKOLLBOGEN

Geben Sie je zwei Punkte für die Erzählkompetenz, den Inhalt, die Wortwahl und den Satzbau.

Anleitung: „Hier siehst du eine kleine Geschichte. Erzähle mir, was Willi hier passiert ist.“

Die Geschichte wird lebendig und flüssig erzählt ☐☐

BEMERKUNGEN: ______________________

Der Inhalt wird korrekt wiedergegeben ☐☐

BEMERKUNGEN: ______________________

Die Wortwahl ist stimmig ☐☐

BEMERKUNGEN: ______________________

Der Satzbau ist korrekt ☐☐

BEMERKUNGEN: ______________________

Freies Erzählen Punktzahl: _____ /8

KURZPROTOKOLL

NAME DES KINDES

GEBURTSDATUM DES KINDES

SPRACHEN (BEI ZWEI- ODER MEHRSPRACHIGKEIT)

THERAPEUT/BEOBACHTER

EINRICHTUNG

DATUM

PRAXISSTEMPEL/INSTITUTIONSSTEMPEL

1. Kommunikationsverhalten

Punktzahl: ____ /10

BEMERKUNGEN: ____

2. Wortschatz

Punktzahl: ____ /16

BEMERKUNGEN: ____

3. Sprachverständnis

Punktzahl: ____ /14

BEMERKUNGEN: ____

4. Mundmotorik/Artikulation

Punktzahl: ____ /12

BEMERKUNGEN: ____

5. Phonologie

Punktzahl: ____ /4

BEMERKUNGEN: ____

6. Grammatik

Punktzahl: ____ /16

BEMERKUNGEN: ____

7. Freies Erzählen

Punktzahl: ____ /8

BEMERKUNGEN: ____

BEO Gesamtpunktzahl: ____ /80

SONSTIGES/EMPFEHLUNG: ____